Carlos Saúl Arenas Duarte

Todos los Días son Extremos

Carlos Saúl Arenas Duarte

Todos los Días son Extremos

Dramaturgia

JustFiction Edition

Imprint

Cover image: www.ingimage.com

Publisher:
JustFiction! Edition
is a trademark of
Dodo Books Indian Ocean Ltd., member of the OmniScriptum S.R.L Publishing group
str. A.Russo 15, of. 61, Chisinau-2068, Republic of Moldova Europe
Printed at: see last page
ISBN: 978-620-3-57786-0

CARLOS SAUL ARENAS DUARTE

Santandereano. Administrador Público y Gestor Cultural especializado en Gestión Documental y Gestión de la Calidad. Escritor, investigador y columnista de algunos informativos locales. Se ha desempeñado como creador, miembro y representante legal de varias organizaciones, entre ellas CICA, FIA, Difusiones, Corsad, Soarte, Defap, Fordesc, Encontrarte, Noveno Círculo, LETI, Vértice y otras no menos importantes.

Ha creado, diseñado y desarrollado actividades culturales de fortalecimiento de las artes escénicas y literarias como Tinto y Pluma y Tibay Toto, además de asesorías, consultorías y apoyo a entidades públicas y privadas creando espacios propios para la creación y muestra de resultados artísticos tanto locales como regionales. Su actividad cultural le ha permitido acumular una gran experiencia en procesos, estructura, organización y legislación, sumados a ese gran conocimiento del desarrollo organizacional de entidades del estado y la empresa privada.

En el campo de las letras, ha sido el autor más joven de los años setenta, al participar a los trece años de los talleres de narrativa realizados en la Biblioteca Turbay y mostrar sus trabajos en algunos periódicos de circulación nacional. Su desarrollo literario se ha dividido en dos fases: como actor y director escénico a través de grupos infantiles y juveniles, y como libretista y guionista de sus propias obras en las que encarna la sensibilidad por ver un universo menos conflictivo, más alegre y con mejores oportunidades para vivir.

Es autor de innumerables cuentos cortos, poesías, crítica, artículos literarios y obras para artes escénicas, que lo hacen merecedor a valores agregados en su producción literaria que data desde 1976. Ganador Del Premio Departamental de Dramaturgia 2011 y finalista en varios certámenes literarios hispanoamericanos.

TODOS LOS DIAS SON EXTREMOS

CARLOS SAUL ARENAS DUARTE

PRESENTACION

La dramaturgia contiene más complejidad mágica que las demás expresiones literarias. El hecho de determinar uno o varios personajes conceptualizados en una misma coherencia gestual y textual, hace que exista un orden mimetizado en la simbología que representa cada actor.

TODOS LOS DIAS SON EXTREMOS está construido a base de textos Unipersonales, permitiendo de plano la recuperación y fomento del texto en toda su dimensión, de la comunicación oral con el espectador, de la simbiosis entre un personaje y un momento histórico, en general se espera lograr un efecto de masificación hacia la palabra teatral dando fuerza a expresiones alternas como la oratoria, la declamación, la oralidad y el humor a través de anecdotarios e historias.

Santander es una tierra pródiga de este tipo de expresiones, cuyos cultores están presentes en los diferentes escenarios socio-culturales, ya sea en la parte folclórica, como en la parte política y recreativa. Es muy trascendental mirar el flujo cultural hacia la palabra que se ha originado en casi todos los puntos geográficos del departamento, citando como ejemplo la oralidad de la Laguna de Ortices en San Andrés, los versos trenzados de Vélez y la palabra danzante con las tamboras de Barrancabermeja, por citar solo algunos.

TODOS LOS DIAS SON EXTREMOS está soportada en textos que recrean hechos, anécdotas, y parábolas de la vida cotidiana y está constituida por seis obras para interpretación unipersonal (tres monólogos y tres monólogo-cuento).

EL AUTOR

MONOLOGOS

UN DIA PARA UNA MUJER OCIOSA

(Escenografía con butacas, mesa, libros, revistas, folletos, periódicos, afiches, pasacalle, vestidos de mujer, zapatos, moños, lencería, maquillaje, joyas, cafetera, pocillos tinteros y cigarrillos. Todo esto suelto arbitrariamente en el escenario)

(Mujer tendida en el desorden del escenario)

¿Dónde carajos están? (busca algo) me acuerdo bien que lo dejé aquí...o... fue aquí? Total, me acuerdo que dejé alguna cosa por aquí... en cualquier lugar. Debe estar por algún lado (sigue buscando y se pone de pie). Lo curioso es que no sé lo que estoy buscando, tantas cosas por ahí... no sé si es largo o corto, viejo o joven, blanco o negro, grande o chiquito, duro o blando. No sé... nuevamente tendré que repetir el ciclo de ordenar...ordenar y ordenar. Cada cosa tiene su lugar.

Este mundo es extraño, tiene todas las cosas contadas y ubicadas. ¿Parece que el orden fuese el padre de la perfección, pero... si es tan perfecto, cómo diablos no encuentro lo que busco? Ja. Bueno, es mejor intentar ser parte de este universo, de su perfección indiscutible y aceptar algún tipo de compromiso, como por ejemplo hacer de esto (observa la escenografía) un tema de orden.

¿Por dónde empezar? El butaco...sí, primero es él. Es muy útil, posiblemente lleno de recuerdos y de historias. Parece ser que tuviese una sola función, pero no es así. No solo es para poner a descansar el culo, es también un instrumento de pasión. Sí. Me imagino las clases de posiciones que se pueden hacer por cada lado (menea el butaco de un lado a otro, lo voltea, le da vueltas).

Tiene tres patas, este es de madera, torneada al gusto del carpintero quien parece que tallara tres inmensos miembros varoniles, torneados, llenos de vitalidad (danza eróticamente con el butaco). Diría que es muy útil para recibir descanso en cualquier tipo de comida. ¡En cualquiera!

Si estoy sobre él, sería la más orgullosa de las oradoras (se sube), una de las mejores que haya nacido desde los griegos. Me convertiría en prosa delirante, coqueta, conocedora del hombre y sus hazañas, del mundo y sus debilidades...de mi pueblo y sus necesidades. Estas serían mis palabras: "pueblo mío: nada hay tan bajo en el ser humano como el odio entre hermanos, nuestra sangre debe ir con nuestro corazón, no debemos seguir derramando nuestra sangre y nuestro llanto. Si es así, todos estamos perdiendo la batalla y tal vez la guerra contra nuestra propia destrucción. He dicho". (Se aplaude). ¿Qué les parece? Este butaco es mágico en la palabra, carajo.

Pero también este butaco sirve para trancar la puerta y así evitar que el aire la cierre. El aire es como un espíritu burlón, que cuando menos se piensa, nos golpea a través de cualquier objeto...a veces es tan violento que acaba con todo y hasta con nosotros, si nos descuidamos. (Alza y observa el butaco) quién pensara que estos trozos de madera entrelazada, pegados con cola y clavos, tuviese tanta importancia. Es un butaco, dicen todos en el mundo, si, pero no es solo eso... es más.

Puede también ser un mecanismo de defensa contra un marido violento y sediento de venganza, de esos que piensan que no tienen una mujer sino una empleada sin salario, a la que le compran ropa y por la noche se la quitan. Este butaco adornaría su cabeza como un bonito sombrero, claro, con las tres puntas hacia arriba, en una extraña y pegajosa combinación rojo-miel.

Pero es también un juguete, muy parecido al timón de un auto, o de un barco pequeño. "leven anclas, marineros... a la izquierda...a la derecha...acelerar...frenar". Es la forma más sana de conducir en cualquier ánimo, sin temor a provocar accidentes que luego lamentaríamos.

Es algo místico también, es parte de nuestro equipamiento para la realización de actividades religiosas. En él me puedo apoyar para arrodillarme, abrazarlo con los codos y de esta forma rezar, orar, pedir al altísimo por nuestras necesidades y pecados cometidos. Llorar y reír a los cuatro vientos nuestra comunión con Dios, pedir por nuestras culpas, por el pecado de la carne, la debilidad que nos asiste, como diría el poeta Barba-Jacob, las cosas que nos delatan ante los hombres y ante la fe, en fin, todos los vicios terrenales y nuestras insanas costumbres.

Pero sea como sea, aun cuando tengas múltiples oficios y funciones, debes estar en un solo sitio. Aquí (lo ubica en alguna parte del escenario).

Este objeto es más grande que el butaco... es una mesa, al igual que él, tendré que buscarle un sitio adecuado. Debo entonces, organizarla. Una mesa es como un lomo con patas, esta tiene cuatro, sólidas, macizas y de material muy pesado...es como cacho o marfil vegetal. Tal parece que de este material fabricaron la cruz en la que Jesús fue vilmente crucificado, claro, sin astillas. (Mueve la mesa para todos lados).

La mesa...ese gigante que no habla, no se queja, que nos presta su espalda para degustar los alimentos solos, con amigos o en la intimidad de nuestra familia, es testigo clave en los conversatorios habituales, cuando nos cansamos del sofá. Allí esta nos escucha el rechinar de dientes, los sonidos guturales de los labios y la garganta. Se le dice coloquialmente comedor, porque va acompañada de algunas sillas o butacos, pero ejerce funciones de Celestina porque nos permite, sin quejarse, liberarnos de todas nuestras tensiones y presiones del día. Es la madre de los taburetes... la misma que le da lo mismo estar desnuda que vestida con manteles de plástico o de terciopelo...para ella no existen los distingos sociales. La misma que lleva encima cubiertos, fruteros y cualquier cachivache que se le ocurra a su dueño, en algunas ocasiones llena de herramientas que hieren sus duras líneas.

Es la misma que se resiente cuando el tenedor, la cuchara y el cuchillo no dejan fluir una conversación de los comensales. La misma de soporta los granos incómodos del azúcar y la sal, rodando por todo su cuerpo. La que no puede estornudar al romperse el estuche de la pimienta o enojarse ante el bochornoso derramamiento de las salsas. Aquí es muy fácil ver la risa y el llanto aflorar y ver como el miedo y la rabia toman pulso y control.

Este lomo me recuerda la fina grama que se encuentra en el corazón de la montaña, en su parte plana...en su meseta. Allí es donde nace la vida, es el olor suave del campo, de la flor y del murmullo del agua diciendo frases, muchas veces incomprensibles e inconsolables. Es la mesa de hierbas donde los seres podríamos ser más libres.

Pero es también una mesa como la que usó Jesucristo en la última cena. Donde oró y sufrió con el dolor del mundo...a veces pienso que fue un sacrificio innecesario, un sacrificio que la humanidad nunca agradeció, una humanidad llena de rencores, de odios y de múltiples errores. Que difícil saber que el pan y el vino solo fueron excusa para ofrecer su cuerpo y su sangre a los hombres, aun sabiendo cuán próxima estaba su muerte, en una reflexión interesante que nos delata el final de nuestras vidas.

Pero también una mesa como ésta ha unido y dividido a los hombres y los pueblos. Ha servido como espacio para el debate en temas como libertad, esclavitud, pobreza, riqueza, hambre, abundancia, opulencia, escasez, en general, en la búsqueda de una supuesta igualdad y hermandad universal, pero que a veces sentimos como injusticia y desigualdad de clases sociales. De hecho, pensaría que este tipo de mesa piensa y actúa por si sola, porque sobre ella reposan para siempre miles y millones de frases convertidas en preguntas, respuestas y problemas.

Si nos vamos al proceso de la historia, nos hallamos con una mesa en donde el Rey Arturo, hacia comparecer a sus tristes idiotas disfrazados de intelectuales, para discutir temas de interés político y administrativo, pero en esencia solo los convocaba para hacer notar su superioridad, mostrar sus debilidades e imponer su pensamiento. Claro está que en nuestro tiempo, a este tipo de mesas se le llama de trabajo, que en últimas es un trabajo imposible para tratar de poner de acuerdo a todos sus participantes. En esencia, una mesa de trabajo permite reconocer que alguien quiere tomar protagonismo y que este tipo de individuos no permiten, bajo circunstancia alguna, que les hagan sombra.

No sé si será mejor ubicarla aquí (la mueve de un lado a otro)... o aquí, tal vez. Total, sea a la izquierda o a la derecha, el ojo es quien percibe su lugar. Si es al norte o al sur, tampoco varía notablemente...siempre serán vistas contrarias. Es tan fácil y tan difícil ubicarla, pero... en fin. ¡Aquí quedará y listo!

¡Los libros...que desorden! Libros por todos lados, libros que hablan, que difieren, que polemizan, que discurren, libros hay de todos los colores, tamaños y sabores... misteriosos...literarios...divertidos...dramáticos... históricos... de sexo... de amores y desamores... infantiles... educativos... consultivos. En fin, para todos los gustos, inclusive para oficios de toda clase. Todo su contenido está condensado en frases, folios, tintas y tapas. Diría que son el verbo hecho hombre o la creación a base de las ideas.

Un libro es una garganta que grita al viento lo que siente el corazón. Pero también es la magia que a veces nos negamos a entender. No son simplemente hojas que eufóricamente alguien trato de estampar a través de códigos y símbolos, son pedazos de venas por donde corre la sangre como esencia viva del dolor...la alegría... la amargura... la felicidad... la ira... y hasta el desconcierto. Los libros, sean su naturaleza, antes que inspirarnos, nos transmiten el halo de vida y la luz que falta a nuestros sueños.

Es muy curioso. Todo en la vida parece un libro, nuestras etapas vividas, nuestras fantasías y realidades, nuestras costumbres y hábitos, nuestras penas, derrotas y triunfos, todo en absoluto, lleva el contenido de un libro. Somos recuerdos permanentes, nuestras vidas están ligadas a otras como una inmensa biblioteca que guarda celosa, al vaivén del tiempo y la distancia, nuestras páginas donde gravita toda nuestra información vital.

Me llegan algunos recuerdos que no puedo ignorar. Estos recuerdos son pequeñas reseñas de grandes capítulos, rotulados con la familia y los amigos. Aquella infancia lejana, desprovista de preocupaciones, llena de juegos de manos y caras sucias, sin más problemas que vivir solo el día, llorar caprichosamente para lograr nuestros deseos, y sentir el cansancio como hermano menor del sueño. El hambre era solo una forma de eludir las caricias o el castigo. Ser niño es el prefacio del libro de nuestra vida, desde ese momento estamos definiendo cual va a ser nuestro futuro.

Sigue otro capítulo. Las hojas frescas y llenas de energía de mi efímera juventud, una juventud salpicada por una experiencia inocente y una rabia por no saber vivir. Los colores, el sonido, el olor, y el gusto son presa fácil del experimento, del aprendizaje a amar, a ser rebelde, a ser diferente de los demás, tal vez pensando de igual forma. En fin se trata de estar a la defensiva de los padres y de los mayores.

Vaya, ahora no soy tan joven pero puedo girar en el centro de un libro, soy el corazón de sus páginas y en mi interior me afloran muchas dudas por muchas cosas y temas, mi mente es más reflexiva y no se exalta tan fácilmente. No es que sea un genio pero puedo predecir algunas verdades de mi vida o tal vez de mi contexto. En realidad las hojas del otoño han comenzado a fastidiar mi piel, y el aire de los alisios perturba mi belleza.

Así pasaran las hojas de este pesado libro, aunque se pondrá más lento a través del tiempo, la historia de caminar y no saber si parara o pararme y mirar que nos hizo falta en el pasado. De todas formas es un capitulo que debemos escribir, aun a costa de nuestros recuerdos más lejanos.

Es cierto que el libro de la vida está acompañado por cientos, miles de libros que narran y describen la historia desde cualquier punto. Basta no más ver los libros religiosos, esos que marcan la moral y la conducta de los pueblos, esos libros que nos dicen que el amor a Dios está por encima de todo, inclusive por este amor se nos enseña también a temer. Entonces Dios está encerrado en la mente de un autor y es direccionado a través de fonemas, frases, párrafos y capítulos que lo describen aun cuando es totalmente etéreo. Los hijos de Dios, son únicos según la religión que se profesa, si somos cristianos, Jesucristo unigénito vino a salvarnos atreves de la fe, el amor y la caridad. Si somos budistas, llegaremos al cielo si practicamos es ayuno constante, y si somos musulmanes glorificamos el cielo con nuestra muerte y la de nuestros hermanos.

Pero no solo el espíritu tiene importancia en los libros, hay que reconocer que muchos hombres escribieron para recrearnos, para hacernos reír y quizá llorar, para crear enigmas en nuestra mente y solucionan inquietudes en nuestras vidas a veces vacías de muchas cosas.

Señores, estamos ante el invento más grande después de la humanidad, desde luego, después de la rueda. El libro, el mágico invento que en su interior captura todas las cosas del universo, es una nave espacial que nos transporta a otro mundo, es un cerebro con miles y miles de chispas eléctricas, es un corazón que nos hace románticos y tímidos, es un país que nos llena de odio y de orgullo, es la más pura inocencia o la más aguerrida de las ciencias.

Debo entonces buscar un sitio para él, o para ellos, porque son muchos los que no se hablan con sus hojas cargadas de códigos lingüísticos. ¡Deben estar en este lugar...son centinelas! (ubica poco a poco cada libro en un sitio)

Pero... veo algunos parientes cercanos y lejanos de los libros. Veo revistas... revistas que cuentan de todo, revistas como estas... o esta...o quizá esta. Son pequeños receptores del color, la imagen, el diseño y los tipos.

Revistas... por ella muchas personas se mueren por aparecer en sus páginas, pero pueden matar de dolor y rabia. Son imágenes impresas que hacen felicidad y desdicha. Revistas... revistas...mariposas de mil colores que bombean veneno en sus alas y recrean el odio, el resentimiento y la injusticia. Revistas... son las princesas del bien sin querer el mal o del mal sin querer el bien, son un sofisma que nos atrae o nos repele, que nos hace libres o tal vez esclavos de la vanidad o del modernismo.

También estas tu, periódico, pero no eres tan fuerte como el libro, eres muy efímero. Solo vales por hoy. (Abre el periódico)

Esta sí que es una noticia: muertos, muertos y más muertos. Accidentes, asesinatos... crímenes atroces... crímenes pasionales... atracos callejeros... drogas y prostitución infantil... sicariado. Aquí hay más: ¡pronto subirán los precios de la gasolina... esa mierda nos jode a todos! ¡Subirán hasta los bombillos!

Pero... al mirar un periódico, una revista, otra cosa parecida, solo vemos cosas uniformes, pliegues llenados con tinta que sirve también para alegrarnos la vida. Si doblas este periódico bien podrás tener un avión y volar...Volar todo el tiempo impulsado por la libertad.

Me imagino todos los días con sus grandes titulares y en letras de estilo vociferando a los cuatro vientos: el periodismo está siendo mancillado...vulnerado, no existe el derecho a la información... no existe libertad de prensa. ¡Qué locura! Como si la libertad de prensa solo estuviese dedicada a criticar las malas acciones de los gobiernos. Eso es parte, pero también deben ser neutrales cuando existe la noticia... no hay que tomar partido.

¡La noticia... que bello espectáculo! ¡Los medios hacen posible lo imposible... que tragedia! Ellos ni se imaginan que se esconde detrás de la información, aún si su trabajo es muy transparente.

Debo notar algo curioso. Todas las fuerzas vivas de la cultura, la política y la sociedad estuvieron de acuerdo en reconocer las corridas de toros, las peleas de gallos, las corralejas, y el coleo, como parte de nuestra cultura, patrimonio legado por generaciones. Inclusive la corte referendo dicha posición. ¿Entonces... es la muerte un legado cultural y tiene protección del estado? De ser así, no podemos decir nada de las masacres y violaciones, del derramamiento de sangre a través de la historia, los muertos en la guerra de los mil días, en el bogotazo o por los grupos al margen de la ley, ¿son patrimonio cultural? Entiendo entonces que no hay que castigar al asesino porque puede estar haciendo un performance y su obra central es el gesto antes de la muerte, los signos que marca la sangre vertida en el piso, es el protagonista. Si es así, Garavito puede ser condecorado por su vida y obra preservando nuestro acervo cultural históricamente hablado. Eso sí es ser parte de nuestras costumbres y tradiciones.

Estos afiches... folletos...pasacalles...todos, todos darán un parte al tiempo. Estas imágenes congeladas en un trozo de papel o de tela, pareciera que no hay tiempo ni espacio y que tal vez la vida tiene otra dimensión. Digo esto porque son imágenes alucinantes, salidas de unas mentes soñadoras en exceso, mentes que están al otro lado de nuestro pensamiento habitual.

Ahí están, haciendo un alto en el tiempo y posando para la historia. Los colores, esos frágiles tonos de luz y de oscuridad, con sus grandes halos que naufragan ante la cámara y el flash. A ellos, los modelos poderosos de la vida, los que nos enseñan tristemente que la vida es de mil formas y luces que somos algo más de lo que podemos ser, que nos permiten sentir con el dolor de nuestras propias angustias. Ellos, los que están mirándonos a cualquier punto... que nos ofrecen manjares...ropa...vitaminas...felicidad, mucha felicidad pero que es una duda permanente... son ellos, los que están ahí, fijamente dormidos y despiertos al mismo tiempo. Pero no sé dónde colgarlo. Debo pensar en ubicarlos, no para mí, sino para mis visitas. Sí, estoy convencida que a mí no me ofrecerán más felicidad, pues ya tengo lo que puedo y nada más. Cada cosa es como un universo de virtudes, bondades, desdichas o tristezas. Aquellas cosas de madera o estas de papel, o aquellas de tela y cuero. O probablemente hechos de metal, cerámica y balso. Son cosas que llenan nuestros vacíos o vacían nuestros deseos. Son cosas que traen consigo una idea, un mensaje o tal vez alguna cara de la moneda.

Empotrada en una pared, hay una mirada que nos hace volver la vista, algo nos dice... algo nos quiere decir... esa es la cuestión. Pero por desgracia no somos hijos del encanto o la magia, de ese polvo dorado que flota en el universo y nos hace duendecillos de la vida y de los sentimientos. La verdad no se revela, es simplemente verdad. No aparece en una fotografía ni en múltiples letras ordenadas por tamaños, tipos y colores. Si, supongo que son imágenes que trascienden a nuestra vida, pero pueden no hacer huellas profundas. Debo colocarlas una tras de otra en diferentes sitios: el piso, la pared, cerca de la ventana, detrás de la puerta... en fin, cerca de todo.

Hay muchas cosas y el día va corriendo. Aquí hay vestidos largos, de colorines, con apliques, simples, vistosos, o muy complicados. Aquí no hay orden sino gustos, total, los gustos son los que llenan las necesidades.

Me gustan de todos los colores y tamaños. Me gusta verme muy sexy, pero también muy señorial; ¡me gusta verme muy interesante pero también de bajo perfil...desconectada del mundo de la intelectualidad!

Un vestido es más que una metáfora. Ha sido parte del poder y la lucha. Grandes hombres de minúsculo cuerpo se enorgullecen luciendo extravagantes trajes cargados de apliques en metal y otros materiales. Napoleón, Bolívar, los Reyes de la edad media, inclusive grandes magnates y genios contemporáneos cubrían sus cuerpos, en un acto de masoquismo desenfrenado, con complejas estructuras y herrajes que los limitaban en sus movimientos.

Es muy curioso imaginar un líder mundial ataviado hasta los dientes, mostrando una gran ostentación de lujos... irónicamente luchando por los derechos de los más necesitados. No sé qué está escrito en las mentes de estos hombres, parece que solo les gustase sentirse adorados por las multitudes, haciendo un gran alarde de sencillez y humildad, pero que en el fondo no son más que esnobistas y arrogantes. ¡Pobre gente! No merecen este trato.

Pienso que vestirse ya no es por tabú o por vergüenza religiosa. Vestirse se convirtió en un gran espectáculo. Los hombres y las mujeres se visten de acuerdo a patrones sociales establecidos. El clima y el medio ambiente están excluidos totalmente, pues en épocas de frio se pueden vestir ligeramente como si fuesen a una playa, o en épocas de calor se cubren hasta los huesos. ¡Quien los entiende!

El vestido, desde una simple frazada de lienzo o de nacuma hasta un mil de hilos de seda, ha permitido reconocer gran parte del pensamiento de la humanidad. El color, el diseño y hasta el terminado, han logrado hacernos entender la grandeza o pobreza de los pueblos, los sistemas de gobierno, las clases sociales, la producción y en su generalidad, las culturas.

Siempre me he preguntado el porqué de cada cosa en un vestido...por ejemplo, porque nacieron los botones y los ojales. Pues bien, creo entender que los botones dan seguridad y firmeza, mientras los ojales son garantía de seguridad, pues aprisionan los botones y no los dejan escapar. Solo así, un vestido no corre el riesgo de desarticularse.

El traje nos pone a pensar en lo bonito o exótico que tiene la vida...los mimos, son unos extraños seres legados de pierrot el enamorado de colombina, una leyenda que involucra seres reales con irreales. Sus rayas dan paso a su situación prisionera, un prisionero no espacial sino mental que dio origen al traje carcelario desde la edad media. Pero también veo otros trajes como los coloridos de los arlequines, de los sátiros y saltimbanquis. Son hermosas figuras grotescas y enormes que cubren el cuerpo del actor. Son vidas, energía, alegría y vitalidad. Esos vestidos solo cuentan historias y plantean esperanzas y mensajes.

Me ha importado poco la moda, pues siento que tal fenómeno no existe. Parece ser que solo imitamos a los que nos producen admiración. Por eso queremos ser como ellos y pensamos que si vestimos igual, estamos entrando a su conciencia, pero la verdad llega allí es probablemente imposible. La conciencia se rige por el ambiente que predetermina cada ser. Total, somos inversamente iguales, de no ser así, me podría imaginar vistiendo un traje de Luis XV con tenis. Qué asco de comparación.

Esta sala, todos los rincones y objetos desordenados que la adornan me convierten en una persona con ganas de hacer algo... o tal vez nada (saca un reloj)... de pronto nada es tiempo y tiempo puede ser todo.

Que conflictiva estructura del universo. Tic...tac...tic...tac... un sonido que solo oye quien tiene prisa, o miedo, o tal vez esperanza de que algo pueda suceder. Un reloj. El que marca las horas y te puede decir que vendrá luego, o te puede angustiar por no sentirlo "a tiempo". Es un objeto, si, el más cruel de las invenciones humanas. El tiempo dividió a los hombres y la historia, puso un límite al pensamiento y a la acción. Dotó al espacio de reglas y espejismos y abrió la línea que dividió el cielo del infierno.
Pero... es un triste reloj. Si... muy triste para mí. Es una flecha que oprime los sentidos y varía el color de las cosas. El tiempo de Dalí o la poca importancia para Einstein. El mismo tiempo contado con las profundidades del sueño o con el estado del ánimo. El tiempo es blando y duro, es elástico y firme, es temporal o espacial, es súbito o eterno. Es cada gota de luz que irradia entre los planetas y se refleja en cada célula de la naturaleza.

El tiempo se viste de alegría... de tristeza...de dolor...de amargura...de pena...de rabia...de angustia. Las manecillas corren al compás de la nada y en la sombra del sonido. Un reloj es de un día cualquiera... es parte de la historia, nacieron con el sol, la arenas hasta llegar a este tic...tac...tic...tac... lo guardaré con mucho celo para que no administre mi vida, debe estar lo más alejado posible de la vista. Mierda.

(Saca algunos pendientes y zarcillos) miremos esto. Uf; que desorden, por todos lados regados, parecen una tienda de artesanías. Ja. Este es un atrapa sueños, es un objeto creado en la fantasía aborigen. Dormir con ellos y soñar con cosas bellas, significa que nunca abandonaremos ese sueño, quedara siempre en nuestra mente. ¡Vaya, que cosa!

No importa si son de oro con esmeraldas o simplemente lata y zafiro, ellos nos dan alguna elegancia, nos hacen lucir mejores (se pone un par) y nos dejan imaginarnos cual princesas estamos y que príncipes nos cortejan. Eso no es cierto, claro, lo que pasa es que se le dice cariñosamente joyas porque nos permiten soñar despiertos. En nuestros dedos, en la muñeca, en el cuello o en las orejas, nos cambian la mirada frente a la vida. Pasamos con ellos mucho tiempo en el espejo y sentimos mucha envidia de la imagen que está al frente, nuestro reflejo. Según el material, fueron parte de las más crueles carnicerías humanas. Los españoles, llenos de codicia, avasallaron y destruyeron aldeas enteras y saquearon todas sus imágenes politeístas bañadas en oro. Los alemanes se apropiaron de grandes tesoros judíos, con la excusa del exterminio. Los nuevos piratas aún se dejan deslumbrar por el brillo y el color y le ponen precio a la vida. Que injusta es la naturaleza.

Es el poder de la tierra lo que nos hace presa fácil de su misterio. La naturaleza nos domina a su antojo, creemos coger sus frutos, pero ella nos convierte en sus esclavos. Tomamos lo que ella quiere que tomemos, solo ella sabe crear y destruir. Nosotros, simplemente somos el canal para realizar las buenas o malas acciones. No le estoy echando la culpa a la naturaleza de nuestro destino. Simplemente estoy diciendo que su majestuosidad nos hace ciegos, avaros y sedientos sin par.

Siempre me preguntaba porque todas son figuras en punta o circulares. Pero creo tener algún tipo de respuesta: el universo es circular, luego toda la figura cosmogónica es fractal, o sea una copia exacta, del universo. Las puntas son los ejes de la luz que emanan todos los astros... son la energía que comanda cada milímetro del universo. Entonces diría que los aretes, manillas, collares y otras joyas, son la representación y aceptación de una ley superior del universo.

Estoy divagando con estos cachivaches. Bueno, a ratos me emocionan las cosas complejas, pero en definitiva es importante conocer la sencillez de la vida. Y no hay nada más sencillo que organizar todo a nuestro gusto, a nuestra imagen y semejanza. ¿En este orden, me pregunto qué estoy haciendo aquí? ¿Dónde estoy? ¿Para qué estoy aquí? ¿Porque estoy aquí?

Pueden existir mil respuestas pero lo más seguro es que simplemente soy una mujer desorganizada que quiere ser organizada. Debo poner cada cosa en su lugar, lo que pasa es que me entretengo con cada una, posiblemente porque cada una es un mundo particular, cada cosa tiene vida y cada vida tiene una historia... historia que no puedo dejar pasar. Todas las cosas se ajustan al tiempo y al espacio de este cuarto, como también se ajustan a nuestras propias formas de ver, sentir, y de aprovecharnos de los momentos y las circunstancias. No puedo decir que todas son bellas porque tendrán algún secreto por descubrir.

Los zapatos son a los pies como un gobernante a sus electores porque deben cubrir sus necesidades y protegerlos de cualquier adversidad. No importa si son de cuero o de hule, si son cerrados o abiertos, lo que importa es su función. El hombre se calza desde el momento en que entendió que perdía mucha sensibilidad al exponerlos permanentemente al sol. El problema fue que quiso imitar a los animales con sus pezuñas y termino sacrificándolos para quedarse con su piel. Fabrico así el primer par de sandalias y un primer paso a la depredación.

Este atuendo se convirtió es símbolo de grandeza y poder. Solo era usado por quien ostentaba mayor importancia y a muchos se les negaba ese pobre derecho. Los pies delataban y descubrían a sus dueños. Los reyes los usaban de charol y con hebillas grandes, muy vistosas por cierto. Los arlequines y bufones, los usaban con puntas y en algunos casos, con apliques. El pueblo solo accedía a un estilo abierto. Pero mirando el tiempo, se conservan casi que los mismos prototipos, lo que varía es el material y algunos ajustes a los estilos.

Los zapatos... el invento de los reyes... los había para matar en la guerra y para huir del enemigo. Los hay para distinguir la pobreza de la riqueza y la austeridad de la opulencia. Por ahí dicen que por sus botas los conoceréis.
Este desorden me pone tensa (saca un cigarrillo y lo prende) tantas cosas para ordenar y ni siquiera tengo ordenada mi cabeza. Un cuarto es como un campo de batalla, son muchas historias que surgen de estas cuatro paredes. Puedo tomar un objeto para desordenarlo y al instante saltan a mi cabeza un sinnúmero de características e historias que le dan vida propia (se sirve un tinto). Sí. Soy constructora de historias y me gusta divagar entre estos objetos... diría que cada uno es parte de mi propio estilo y mi manera de ser.

Creo que falta algo muy importante a este orden. No se... la música, supongo, pero la música me obliga a descansar, a correr y a sentirme muy libre. Las cosas se ordenan porque la historia hace su trabajo, pero la historia sola no existe, se crea si hay protagonistas, nosotros, cada uno de nosotros escribe día a día las páginas que pronto se verán reflejadas en objetos...en escritos...en modas... efímeras o no tanto son eso

(Una vez organizada la sala asiente y se muestra conforme y se esconde en la cortina de salida).

CANTO DE PALOMAS AZULES

(Desde un costado y al fondo del escenario aparece un hombre con una trusa negra, descalzo, luciendo una corona de laurel en la frente y una varita mágica en una de sus manos. Sobre el escenario hay una maleta con varios objetos desorganizados a propósito, que más parecen un basurero. El hombre busca y encuentra una gorra, una cauchera y otras cosas...)

-Es aquí donde el tiempo se ha dado un descanso. Estas cosas, inermes, dieron vida en abundancia a hombres y mujeres que fueron imaginados en las mentes pero reales para muchos. Todos llegaron en distintos días y se fueron como aves hacia el infinito, palomas azules como el éter, llenos de encanto y recuerdos, de tristezas e historias, de sentimientos y glorias eternas.

Con esta cauchera, esta gorra, este saco, este lazo y estas alpargatas dejo de ser yo mismo y florezco en un parque o en una calle y tal vez sea nombrado guardián de la alcaldía...tal vez. Tengo sed, pero no de agua, debo tomar aguardiente para que mis encías se dilaten y pueda al menos balbucear algunos madrazos. Los niños, esos horribles monstruos de sonrisa maquiavélica, se pierden por las calles desnudas, no sin antes sacarme la piedra...

De verdad, me pongo violento... ya me gustaría abrirles la cabezota de unos bolazos...malparidos que no tienen nada por hacer... hijos de puta que ofenden y lastiman... parias que se la pasan en manadas como las fieras, buscándoles males al cuerpo y problemas a sus padres.

A nadie le importa mi nombre, incluso se me olvida por momentos como me llamo. De cierto digo que soy libre... vivo sin angustias... vivo sumido en mi propia alegría.

¡Soy el dueño de cada rincón de esta calle… de este pueblo! Aquí no se mueve una mosca sin mi permiso…. Nada. Si cruzo una esquina, es porque al otro lado existe un nuevo espejismo.

Tengo una gran casa con un parque en el centro de la sala… una iglesia con muchos santos y sillas… muchos edificios llenos de tejas y salientes para cubrirme del frío y la lluvia. Ricardo…. Ese es mi nombre, no sé por qué me bautizaron así… tal vez como una parodia de la riqueza…. De una riqueza imaginaria, no física. En verdad soy rico… muy rico. Tengo una casa grande, no necesito más…. En cada pieza, alguien me da algo para comer…algo para vestirme….no necesito más. Es suficiente. Todas mis pertenencias son mis recuerdos, todas mis inversiones son mis pensamientos. Con ellos vivo, con ellos viajo por toda la casa… a donde quiera… no necesito pasaje.

Llevo muchos años en la misma dirección, no existe calle o carrera, no existe norte, no existe sur. Nada. Existe un suelo que todos los días piso y todas las noches abrazo. Por estos años veo niños convertidos en adultos y adultos convertidos en niños… como yo… con los ojos juguetones y llenos de esperanza. Son niños, son hombres y mujeres que vienen y van, a los que no les pregunto sus nombres ni sus direcciones, pero que ellos si me reconocen y saben dónde vivo.

(Se quita la cauchera y recoge un radio viejo, de pilas. Lo prende y cambia la emisora hasta encontrar música).

Aquí… aquí… tralalalá…. Tralalalá…. (Camina rápido en círculos al compás de la música). ¡Estoy mejor que nunca, estoy más fuerte… más fuerte! No me gusta que me miren, no les debo nada. ¡No me quieran robar mi radio… aquí… adentro… está el espíritu de miles de personas que me hablan como los ángeles… me dicen cosas lindas… me cantan… me gritan… me lloran… me hacen sentir feliz!

Las calles son la vida para mis pies y el sonido es mi alimento. La música es la sangre para mis oídos y se extiende en todas las direcciones... desde la tienda de don Telésforo hasta la salida del cementerio municipal, desde la montaña de la virgen hasta la finca de los Gonzáles, sobre la carretera que divide la frontera.

Algunas personas piensan que soy un loco, pero no. Estoy mejor que nunca... es más, si me preguntan algo yo les digo simplemente: Mejorana... Mejorana... Mejorana... casi todo el mundo creyó que así me llamaba y así me bautizaron, total, no me importan nombres ni dichos.... Llámenme como quieran. Mi vida es una eterna cadena de notas musicales que a veces quisiera descubrir quien las inventa y por qué están dentro de este aparato.

Muchas veces he tratado de investigar de donde salen estos sonidos, pero en mi desespero termino por desarmar todas sus partes... lo convierto en una pequeña montaña de tornillos, tuercas y polvo... de baterías y tubos... de cauchos y otras cosas. A veces no puedo armarlo nuevamente y acudo donde un relojero amigo que con cariño me lo arma nuevamente, no sin antes advertirme que no lo volverá a armar. Claro, eso lo dice por decir, cuantas veces me ha ayudado a armarlo.... Infinitas....

También muchas veces el sonido se va... se apaga... no vuelve. Pero el dueño de una miscelánea acude pronto a ayudarme, desata los mil metros de cinta que envuelven esas pilas gigantes y me las cambia. Las pone nuevas. Él me dice que las pilas son el corazón y que es muy frágil, que no abuse de él. ¿Abusar de quién? Yo simplemente quiero que no deje de latir.

¡Este bendito aparato! ... él es de mi... yo soy de él... a veces me hace rabiar porque suena mal, tal vez eso que llaman señal suena como maíz tostándose, otras veces hablan cosas que no entiendo... no escucho música sino voces promocionando jabones.... Lociones... máquinas de afeitar.... Ofreciendo mil cosas o gritando cosas como: "la lleva el mono López, avanza, levanta la cabeza, centra el esférico... el tuerto Gómez salta por encima de dos defensas y golpea con un fuerte cabezazo... es gol... gooooooooooooool..." eso me asusta mucho y le doy vueltas a los botones, una y otra vez hasta que por ahí escucho alguna melodía. Es entonces cuando me tranquilizo.

Por las calles el sonido se confunde con el ruido de los carros, los niños corriendo, las comadronas injuriando, los viejitos verdes riéndose maliciosamente y los vendedores gritando. Cuando llega la tarde, trato de esconderme debajo de algún puente de cemento o en algún jardín desierto de cualquier casa de campo. Allí termina cada jornada de mi vida.

(Deposita el radio en el piso y se quita las alpargatas y la gorra)

Adiós... si... adiós... para dónde voy? ¿para qué voy? Siempre me hago las mismas preguntas, me rasco la cabeza buscando alguna respuesta. Mis pies me llevan... mis pies me traen. Camino tal vez hacia un punto invisible.... ¡Hasta donde muere la eternidad!
Casi puedo percibir el sonido de las aves entrando y saliendo apresuradamente del viejo campanario de la catedral. ¡Están desesperadas! Hay poca comida y son muchas... los niños solo vienen los domingos... les traen maíz... arroz... pero también los persiguen y no les permiten volar y caminar en libertad.

Tengo unos zapatos invisibles, tan invisibles que casi puedo ver el fondo del piso. Hay muchos huecos en el cemento... cráteres gigantes donde los carros deben hacer rápidas maniobras para evitar una caída sin fondo, porque esos suelos parecen túneles verticales donde no hay más que golpes y golpes... solo golpes.

Todos los días son agitados... no hay tardes... no hay noches... ni siquiera mañanas. El tiempo me es circular... voy allá... voy acá... voy allí... voy... voy... simplemente estoy mirando un espacio que no encuentro, un espacio perdido en el infinito, un espacio que me permita saber cuál es mi posición. Los espacios existen en los imaginarios... son posibles lugares donde se exhiben posibles objetos. Pero estos objetos también son invisibles, no tienen colores ni tamaños, pueden ser grandes o caben en pequeñísimas celdillas, o pueden ser tan imperceptibles que no pueden acomodarse en el más grande de los espacios posibles.

Alfredo... Alfredo... Alfredo.... Me llaman o es mi nombre. La verdad me tienen sobrenombre porque no descanso nunca... me dicen el Siete Pasos... la verdad no camino siete pasos, pueden ser tres... o cuatro... o diez...camino y no recuerdo, o recuerdo algo, no entiendo lo que realmente me atormenta. Es cuando decido regresar al punto de origen de la marcha, para buscar el recuerdo. El problema es que casi nunca los encuentro.

En ocasiones me siento a descansar en una esquina y trato de ordenar mi mente. Pasan los vecinos.... Los conocidos... los extraños... el dueño de la papelería... doña Rosita la que todos los días me regala algo para mi estómago... don Arturo el que piensa bonachonamente que solo soy un pordiosero y me regala algunas monedas, la niña Sofía que me regala medias y zapatos sabiendo que nunca me los pongo, el joven Cesar que me regala las correas de su papá... en fin, todos me dan algo, eso me llena de alegría. Quisiera sonreírles en agradecimiento, pero solo me limito a mirarlos porque la sonrisa casi ha desaparecido de mi vida.

La iglesia es como mi cuartel. A ella acudo a cada rato. Allí deposito mis penas y pido a Dios para que mi vida tenga algún sentido. Pero solo entro unos cuantos metros nada más, casi al límite con las últimas bancas. No sé por qué extraña razón no he podido llegar donde están las imágenes, solo llego donde está la pila bautismal... es como una predicción que me enseña que solo puedo saludar a Jesús en la distancia.

Soy un copropietario más de las calles, los puentes y los tejados salientes de la vecindad. Pero no comparto mis recintos, vivo y duermo solo aunque me achaquen mil historias que no he vivido. Duermo en cualquier parte de la ciudad, solo me despierta un nuevo día.

(Se pone unos viejos zapatos negros y se cambia el saco, recoge un saco de fique lleno de objetos y papeles)

Es navidad... es noche buena... los Reyes magos no tardan en pasar. Es noche de villancicos... todas las familias están unidas... tamales... buñuelos... natillas... galletas y vino. Los niños... mis preciosas criaturas que nunca crecen, son los que más me quieren... son el motivo de mi felicidad, son la parte que nunca encontré en mi vida.

Dicen que el mundo es de los niños... creo que tienen razón... mucha razón. Pero yo añadiría también que ojalá ellos pudiesen gobernar el mundo, porque sus corazones no tienen maldad, ni contaminación de los hombres... avaros. Sedientos de codicio, belicosos, interesados y malintencionados. Yo existo porque hay niños en todas partes, hay niños en la pobreza y en la riqueza, en el campo y la ciudad, pero sus miradas y sonrisas no tienen estrato ni geografía. Son niños y niñas que solo esperan el momento para reír, para jugar y para soñar.

En esto también estoy de acuerdo. ¿El mundo es un juego, no sé por qué lo complican tanto... por qué no hallan un sentido a la vida donde la felicidad no se tenga que buscar? Las cosas están ahí... silvestres... solo hay que tomar todo lo bueno y ya. Lo bueno no hace daño y da felicidad. Eso decían mis abuelos y creo que no se equivocaban.

Mi presencia casi no se nota durante el año, pero en épocas decembrinas soy tan famoso como Santa Claus, los niños y sus padres me buscan en todos los rincones de la ciudad, me abrazan, me besan y me preguntan muchas cosas. Ellos quieren saber cómo es la navidad, aprender cantos, fabricar panderetas y organizar su pesebre con su arbolito y sus regalos.

La verdad, en este saco llevo mi pesebre... con estas cositas viejas armo mi navidad, ¡solo les pido que dispongan de un rinconcito en su casa... eso es todo! (Saca uno a uno los objetos del saco de fique). Estos son María y José... aquí estará el nacimiento. Aquí está este ranchito con mucho rusque de madera... aquí está el arbolito y aquí están los faroles, las guirnaldas, las instalaciones de bombillitos de luces, las bombitas, todo. ¡Es un pesebre muy sencillo que hago con mucho cariño para todos los niños...mis niños...para que nunca crezcan!

Algo muy importante es que no dejo al niño Jesús expuesto al mundo, yo lo cubro del frío y del calor... de las malas influencias del hombre malo. Le cubro los ojitos para que no vea un mundo que se perdió a sus deseos...distantes de su sacrificio...un mundo de guerra...de miseria... de hambre. De horror. Un mundo lleno de codicia sin freno donde no solo se quieren robar la tierra sino el universo entero. Por eso, no lo separo de mi viejo saco de fique. Aquí estará por siempre acompañándome en toda mis jornadas.

Mi casa está compuesta por dos montañas, una nube blanca, cientos de árboles y un sinfín de riachuelos. Desde aquí tengo el poder de apreciar la más grande pantalla de la naturaleza, con miles de aves migratorias y sedentarias, miles de animalitos que suben por las cortezas de los arbustos, hacen sus nidos en las copas más altas y se esconden entre la maleza y el barro. Oigo sus sonidos acompasados del viento y acallados por la lluvia. No puedo tener mejor casa.

No pudieron ponerme un mejor nombre: Juan de Dios. Tal vez por la alianza eterna de San Juan el Evangelista, quien dedicó gran parte de su vida a conocer la obra de Dios encarnado en Jesús de Nazaret o de Juan apóstol quien acompañó a Jesús en los momentos de dolor. Ese soy yo, Juan... de Dios porque mi alma y todo lo que hago debe ser muy agradable a él. Eso decía mi madre que murió cuando apenas llegaba a su madurez. Así me conocen los niños.

De vez en cuando recorro gran parte de mi vivienda buscando la sonrisa de un niño o el juego de miles y miles... pero me acuerdo que soy un niño viejo y mis piernas se cansan... mi respiración se entrecorta y mi corazón amenaza con apagarse. Por esto, trato de salir solo en época de navidad.

(Se acuesta y guarda todos los objetos en el saco de fique. Se quita los zapatos y la camisa y se queda solo con el pantalón)

A todo lo que me digan, solo respondo: sesafa... sesafa... sesafa... no me importan los gritos, los insultos. No me importan los ruidos... no me importa nada de lo que pase...nada. Por eso digo siempre Sesafa... Sesafa... y me echo una carcajada para que la oigan hasta en el mismo infierno.

¡Soy malgeniado, claro que sí! Así es mi vida. Vivo entre dudas y rabias... entre miedos y cortesías... pero no permito que me asusten o que me insulten con palabras o cosas que me saquen de casillas. No tengan miedo... no como gente... me agrada la multitud... soy feliz corriendo de un lado para el otro... de arriba para abajo... de frente o a cualquier lado. Me es igual. Solo sonrío y me enojo. Mi vida es esa: reírme o enojarme.

Puedo ver cosas pequeñas... gigantes... de un solo color... de un solo lado... o una imagen que solo yo puedo crear. Solo yo puedo sentir frío cuando el calor es insoportable... me puedo desnudar solo para probar que mi cuerpo es invisible. Que puede sentir calor cuando yo lo quiera. Así soy yo. ¡Que se puede hacer!
Por qué me llaman Sesafa? La verdad... sería porque no tengo apego a nada, todo lo que me llega lo dejo ir, incluso los días y los años. No me interesa retener absolutamente nada. Mi nombre es eso... Sesafa, mi apellido lo mismo Se-Sa-Fa. Este nombre parece recortado de un himno marcial... de esos que tocan los redoblantes... o tal vez los trompetines, igual, a mí me gusta mucho.

Oigo muchos ruidos... parece como un perro ladrándole a una llanta... si, de bicicleta. Ese loco perro no descansará hasta que se caiga el ciclista y pum... sesafa de la silla y al piso. Ese ruido es también el de un carro que se va a dañar. Poco a poco, a empujones y chancleta... tratarán de llegar a un terreno seguro... pero lo más seguro es que se detenga en cualquier parte, una colina por ejemplo, y ahí sí, sesafa y de para atrás. Se volvió mierda el condenado.

Soy muy religioso, eso sí. Pero me asustan las iglesias... esos santos empotrados en la pared y encerrados en vidrios que no los dejan respirar... hay santos para todo, hasta para dormir. ¿Eso es algo que no entiendo... cómo hacen para no caerse? Esto sesafa de mis pensamientos. Hay también muchos ecos que se esconden debajo de las bancas y los reclinatorios... en las navetas... en el ofertorio... en fin. En todas partes se escuchan voces... pero no son voces corrientes... son voces extrañas que no yo mismo puedo entenderlas.

No sé por dónde empezar... pero sé por dónde terminar. Esa es la cuestión. Llego de cualquier parte, en cualquier momento... pero termino en el mismo punto de partida, llego siempre a la pileta central del parque. Allí hago siempre el mismo ritual, sacar agua para bañarme los ojos y limpiarme las manos. Siempre que me lavo los ojos y las manos realizo movimientos convulsivos y exclamo a cada uno de estos movimientos: SESAFA... SESAFA.... Es como si me pusieran barras calientes en las manos o me arrojaran arena en los ojos (Se limpia manos y ojos).

(Se quita toda la ropa y se pone un faldón y una toalla)

Bobo jijueputa...malparido... vaya a tomarle el pelo a su grandísima madre. El que está quieto se deja quieto, o si no.... Si no le gustó así, pues coma mucha mierda. Partida de imbéciles que se la pasan todo el día molestándonos y mamándonos gallo. ¿Por qué serán así? ¿Será que no tienen familia? ¿Sus padres deben ser unos degenerados...? Si una está en la esquina... vienen a joderle la vida... si una está sentada en el parque, o en un andén... entonces vienen también a molestar... de cualquier forma nos joden.

Me la paso todo el día, de arriba para abajo con mi madre... con mi viejita que también es cosa seria. Discute por todo, no le gusta nada y a ratos quisiera pegarme. A ella parece que le enseñaron que todo en la vida se arregla a gritos. Así creció. Nada se puede hacer.

Mi madre me parió en cualquier potrero de un pueblo que ni siquiera se su nombre. Su familia la odiaba y la rechazó, tanto que no le permitieron cualquier tipo de cercanía, tanto así que el hermano mayor la sacó de la casa a la fuerza, la embarcó en un bus intermunicipal, llevándome en brazos, y llegó aquí... a este pueblo, distante como doce horas. De ahí aprendí, para la vida, que los únicos amigos son el frío y el hambre... ellos serían para siempre nuestros compañeros de aventuras, nunca se separarían de nosotras.... Eran mis confidentes.

Cuando niña sentía mucho pánico pasar por una cantina y ver a muchos hombres tomar aguardiente y caminar borrachos por la acera, diciéndoles cosas grotescas a las jovencitas y señoras de los vecindarios, y en muchas ocasiones ver batallas campales donde se herían y hasta mataban por asuntos sin importancia... por rencillas pasadas o solo por medir sus fuerzas. ¡Qué idiotas! Cómo los vuelve una cerveza o un trago de cualquier mierda.

Las calles son algo parecido al infierno. Hay muchas cosas juntas, hay muchas historias comunes. Nuestros días transcurren en oír lamentaciones y problemas de grandes y chicos... la niña que se voló con un soldado y no terminó de estudiar, su mamá la ha estado buscando por todas las casas...un muchacho que juega con una bola de trapo y que sueña ser un famoso futbolista, mientras rompe los vidrios de las ventanas... la señora que se la pasa donde sus vecinas actualizando los chismes del día y deja quemar la comida... el cura que pasa afanado para su oficio religioso y saluda cortésmente a la feligresía de mano abierta para que no le huelan el tufo... el muchacho que lleva los mandados y se coge algunas cosas de los paquetes encomendados... el loco que se cree Superman y lo grita a todos los vientos... en fin, hay de todo y para todos.

Mi madre me hace regalos todos los días, por ejemplo, una regañada insultante por no salir temprano a pedir limosna... o un tremendo palazo por no cambiarle el vestido. Tengo que aclarar que mi madre ve con mis ojos, pues los suyos no le sirven... había perdido la visión desde muy temprana edad. Sin embargo, poseía una fuerza demencial y una puntería fantástica, tanto así que cada semana algún desprevenido pelafustán era sorprendido por un tejo en su frente... algo muy doloroso que podía obligarlo a ponerse algunos puntos de sutura.

Muchas veces he sentido rabia por algunas mujeres, porque son muy vanidosas y me ofenden por mi condición humilde, me tratan despectivamente, hasta me ignoran. Eso no me gusta. Entonces cuando las veo pasar con sus novios o maridos, me les aparezco de frente y les muestro mis cucos a ellos... para que me respeten... para que sepan que también soy mujer y siento lo que siente cualquiera.

Vivo muy cansada del cuerpo y del alma. Casi no siento alegría... quiero llegar a algún lado, pero las calles son las mismas y me estrello con las mismas esquinas y las mismas aceras... la misma gente... la misma rutina... así seguiré al lado de mi viejita.

(Se pone Rebozo y una peineta)

Loca... Paulina... Loca... loca... Paulina... me aturden esas palabras. No soy loca, soy una mujer extraña, simplemente. ¡No me parezco a algo desconocido... soy tan normal como el que más... soy de piel... de huesos... soy mujer! No me gustan los insultos ni las agresiones, me gustan las buenas acciones... doy consejos cuando no me los piden... por eso me dicen así.

Pareciese que fuese fiel descendiente de Pablo, el apóstol, me parezco en muchas cosas...sobre todo en la misión de aconsejar... me encanta contar historias y mejor si son de la biblia...dar buenos ejemplo... hasta me sé de memoria casi todos los libros del nuevo testamento... bueno, exagero, en gran parte de esas historias.

Discuto con todos y por todo, pues pienso que nadie tiene la razón, ¡todos estamos equivocados...todos! Nadie puede tener la verdad... esta solo la da el tiempo y tiempo es lo que nos falta para vivir. El tiempo nos hace grandes... pequeños... alegres... tristes... melancólicos y rudos. Pero si corre demasiado nos convierte en salvajes y agresivos.

En una ocasión, una vendedora de frutas, en la plaza de mercado, me discutía por todo a cada rato, me decía palabras obscenas solo porque le pedí que me regalara un pedacito de patilla, pues tenía mucha sed. Ella era una mujer supersticiosa y creía que si me daba un pedazo, su negocio se salaría. El decir de la gente era que si medaban algo, yo no me lo comía, me lo guardaba en la enagua quien sabe para qué y que luego lo botaba por ahí. ¿Esas eran unas creencias pendejas pues como iba a botar la comida tan escasa? Lo más que podía reunir para comer era una ración diaria.

La gente nos evita y nos ignora pues piensan que somos un peligro para todos, incluso en ocasiones nos ven y nos atacan hasta producirnos algún tipo de daño físico. Todo el peligro que ofrecemos es dar aliento y animo a través de algunas palabras de cariño y optimismo a todo el que nos mira... el que tiene un problema y no encuentra la forma de solucionarlo, de momento. Claro, no soy sicóloga o algo por el estilo... simplemente escucho a las personas que sufren y trato de brindarles alguna respuesta... siempre encuentro algo que decir para que sus vidas sean más llevaderas... solo eso.

A veces no sé qué digo o qué hago, pero entiendo que me persigue la desgracia... me acompaña a donde voy y a veces me desespera tanto que termino por insultarme a mí misma. Deseo ser parte de otra vida, de otro mundo, que la vida me brinde otras formas y no estar donde siento que amo todo lo que odio y desprecio todo lo que amo.

Bueno, todo en la vida son instantes y yo soy eso: ¡instantes! Soy tan efímera como la moda o la misma costumbre, soy tan silenciosa y tan bulliciosa que tal vez me confundan con el viento y pronto ya no se acuerden de mí...de Paulina... no la que bautizaron la loca...no. Soy Paulina, una vieja mujer que algún día caminó por suelos sucios y llenos de miles de historias. Paulina...la que el viento zumbara una y otra vez reclamando por una nueva vida.

Todos somos una melodía que finaliza en una lúgubre loza de cualquier panteón. Siempre sostuve que todos, malos o seremos comida para los gusanos o combustible para el fuego. En verdad, dice una canción, en el fondo seremos la misma carroña.

(Se quita los atuendos femeninos y se pone un pantalón corto ajustado y una camiseta sin mangas)

No sé cómo caminar...no sé cómo hacer esto... esto.... Y esto.... ¡Ay Dios! Me resulta tan difícil hablar hasta conmigo mismo. Soy dos personas en un solo cuerpo, pero no son dos personas distintas... son complementarias, diría... son casi extremadamente juntas, a decir verdad. Soy un niño dos veces que no ha salido de sus etapas primarias. Sí. Digo la verdad... el mundo me hizo un niño rico. Pero también raro....maricón! no siento vergüenza porque no he cometido delito alguno.

Me gusta jugar con todas las profesiones, desde un reciclador hasta un policía de tránsito. De hecho, fui testigo falso en muchas ocasiones, tanto que hacía rabiar a los conductores de buses cuando cometían una infracción y yo aparecía como por arte de magia y le inventaba mi historia a los alféreces, diciendo que ellos eran culpables, aunque no lo fueran, que se habían comido un pare o estaban en un lugar no autorizado. En fin, casi ningún chofer me quería. De la misma forma, me encantaba poner a discutir a las viejas chismosas... eso era muy divertido.

Mis familiares eran cosa seria... me regañaban a cada rato y no me dejaban la vida tranquila. Pero de pronto tendrían razón, siempre me gustaban los juegos de niñas...las muñecas.... Aprendí a bordar y tejer, deseaba realizar todas las actividades de las mujeres y con el tiempo tener un hombre a mi lado. Pero los tiempos eran difíciles y tener estas afinidades era considerado un tabú...el hombre es macho, decían los varones de la casa.

Pero yo me negaba a ser igual a los hombre comunes, sentía atracción especial por los compañeros de clase... me gustaban mucho esos niños bonitos, pero ellos me rechazaban y me pegaban. Entre más me rechazaban, mas quería buscarlos, los golpes eran como caricias.

Crecí en un hogar de muy buena posición económica y social. El problema es que fui hijo único y no supieron cómo tratarme. Mi madre acostumbraba a sobre protegerme a cuidar cada detalle de mi vida, hasta me ponía los zapatos y los interiores, me bañaba hasta los doce años y me acompañaba a la escuela en la entrada y la salida.

En mi edad adulta, me convertí en un icono para mi pueblo. Todos los habitantes me conocían y me tenían especial afecto, tal vez me miraban como si estuviese enfermo... no era normal que existiera una persona como yo, con ademanes femeninos. La verdad era muy querido, pero poco respetado por la comunidad a medida que pasaban los años, ya no era el simpático José.... Era simplemente la loca de la municipalidad.

Mi vida estuvo acompañada de muchos sinsabores... fui violado muchas veces, no solo con el fin de una relación sexual, mis violaciones eran acompañadas de maltratos, golpes, insultadas y todo tipo de vejámenes. Casi siempre mis violadores eran personas adultas de poca comprensión intelectual, ellos si tenían problemas mentales. Además, nunca entendí cuál fue mi pecado para que me trataran de la forma más canalla.

Algunos jóvenes piensan que como soy heredero de unas pocas pertenencias, escondo algunos centavos debajo del colchón. Es así como más de uno se acerca no con el fin de estar a mi lado, sino con el propósito de despojarme de lo poco que tengo. Creo que es una sociedad con limitaciones de conocimiento.

(Se quita los atuendos bruscamente y toma una botella de licor con una copa y brinda)

Hoy es un día muy especial, es… es… lunes, supongo… o martes… o sábado…. No sé, pero es un día especial. Especial porque quiero brindar por todos ustedes, por esas miradas, por esas risas, ¡por todo… por todo! Me tomo un trago…un trago por la vida, por la noche, por la paz, porque todos puedan comer hoy, por qué si…. Por qué no sé.

Hace unos años brindaba porque me gustaba invitar a mis amigos a compartir momentos agradables, hablar de política, de cómo estaba el país, de cómo se había convertido el mundo….allí, en medio de estos temas estaba una botella de cerveza o un trago de aguardiente. El licor…es la pócima mágica que acelera el verbo, que desaparece la inhibición, que permite hablar sin rodeos y decir las cosas tal como se sienten. Pero tiene su lado oscuro, poco a poco se enamora de los cuerpos y se hace imprescindible, ya no importan los discursos o los temas interesantes… simplemente te obliga a estar con el de día y de noche.

En mi pueblo la gente llegó a confundirme con un letrado estadista, incluso me decían que era muy parecido a él…. Que mis rasgos los confundían. Pero en esencia lo que querían era observar como al fervor de los tragos me convertía en este personaje y mis gestos eran tomados solo como una burla. Solo balbuceaba algo incomprensible…silabas… fonemas y frases sin sentido. Alzaba los brazos y arengaba tenuemente contra algo desconocido, no sé qué era, pero sentía que los que me miraban solo se reían.

Mi caminar se convirtió en un paseo de zig zag interminable, los pies no se afirmaban totalmente el suelo, mi corbata se saltaba de la camisa sobre el primer botón y mi cabeza disfrutaba de una falta total de cabello. No sé por qué mis dedos de la mano se movían de derecha a izquierda y apuntaban al infinito... no sé por qué mis labios querían decir algo, pero mi lengua se empeñaba en no soltarse del paladar... quedaba totalmente inmóvil. No sé por qué mi cerebro pensaba que decir y actuar, pero mis movimientos se negaban a obedecer.

De todas estas cosas quiero decir... brindemos...brindemos porque algún día las cosas sean mejores... brindemos porque se puedan solucionar los problemas que nos aquejan cada día. Brindemos aunque sea lo último que hagamos en la vida.

(Pone la copa y la botella en el piso y coge la varita mágica y la corona de laurel. Se queda nuevamente en trusa)

Esto es mágico.... Esto es simplemente un canto.... Ellos aparecieron como una bandada de aves... son migratorias porque no están.... Bueno, si están aquí en nuestros corazones... son palomas azules que despertaron en el infinito de los dioses y llegaron, uno a uno.....soplo a soplo y con las alas del viento.... Ese viento que le llaman recuerdo. Se quedaron para siempre y nunca podrán viajar a otros recuerdos. Aquí los tendremos por toda la eternidad.

CINCO BUSTOS BUSCANDO UN CINCEL

(En el escenario hay cinco bustos de personajes históricos: Herodes, Colon, Bolívar, Hitler, Caro. El escultor luce una túnica blanca y lleva en sus manos un cincel y un martillo)

He sido por siempre como el caballo sin jinete...solitario...guerrero... Nadie ha querido estar en mis batallas, duras.... Sin vencidos ni vencedores. Solo yo tengo la virtud de construir un arma que me defienda contra el tiempo y la soledad. Es un arma que solo hace lo que pienso... que solo hace lo que siento y que solo dispara con mi voluntad.

Vencidos...

Vencedores...

Tiempo...

Soledad....

Voluntad...

No veo el sentido si estas palabras están sueltas, parecen silabas infames que se mezclan con la vida y permiten que la piel pierda su lucidez y se pierda en la oscura sombra de la tristeza.....sin luz... sin sonido.... Sin color.... Una piel que pierde su fuerza e impide que mi mano señoree sobre la roca, despertando el alma de mi creación en cada golpe seco y expandido que gime a través de chispas dotadas de recuerdo.

Luz…

Sonido…

Color…

Alma…

Recuerdo…

No soy un creador de estatuas….soy un juez de la historia. Así como ellos profanaron nuestras vidas, yo levanto el cincel y culpo sus mentes de nuestras desdichas. (Revisa una a una las esculturas). Pedazos de mármol con formas dementes…. Tuve la voluntad de crear sus imágenes, no para adorarlas… no para venerarlas… simplemente para aborrecerlas.

Algún desprevenido diría: Es un hermoso jardín. Bienaventurado aquel que ha sabido esculpir tan preciosos bustos. Todos hechos con las manos del artesano y del mármol… fuerte como su historia. Herodes…Colón… Hitler…Bolívar…Caro…

Pero son mis imágenes… imágenes que hice para recordar parte de mi historia, parte del mundo que nos acobarda, es el recuerdo perenne de los holocaustos.

(Se dirige a todas las estatuas y las personifica).

¿Holocaustos? Acaso somos llamados asî?

ESCULTOR. La historia es vuestra. Son príncipes del destino, un destino que jamás pudo ser, un destino que mancilló poco a poco parte de nuestra gente, un destino a veces injusto que vilmente fui creando ante mis ojos y la desdicha de muchos, pero el destino de cada uno de ustedes es mío. (Personifica a Herodes).

HERODES. ¿Qué cosas dices? ¿Un personaje mal vestido y con delirios de quien sabe qué, pretende ser nuestro dueño? No eres más que un aprendiz de escultor. No conoces la historia porque ni siquiera forma parte de ella. ¿Acaso me conoces?

ESCULTOR. Este martillo y este cincel son la historia, a ellos les debo conocer sus desvirtudes. Cuán difícil fue moldearlos. Dicen que un busto se hace a la memoria, no a la desvirtuad...pero no soy un bastardo de la creación.

HERODES. Vivo como roca. Soy el grande, En el año 40 a. C. el Senado romano me nombró rey de los judíos por indicación de Marco Antonio, con el encargo de recuperar Judea de manos de Antígona. Mi ilegitimidad dinástica y mi indiferencia religiosa me hicieron impopular entre los judíos, especialmente frente al partido religioso ortodoxo de los fariseos. Me vi obligado a establecer un régimen basado en el terror, con una persecución sangrienta de la antigua familia reinante y una gran obsesión por consolidar mi posición en el Trono frente a posibles pretendientes.

ESCULTOR. Tu alma. ¡Tan fría como el mármol! San Mateo en su evangelio enmarca la degollación de los inocentes, en cuya historia narra la matanza de niños menores de dos años nacidos en Belén, para quitarte de encima a quien sería el que destronaría. ¿Dónde están los niños?

HERODES. Los niños... esos pequeños judíos... desafiaron el futuro. No era posible que ante tanto esfuerzo en la guerra y en la conquista, viniera un hombre a disfrutar de todo cuanto yo había conseguido....ese hombre que pronto llamarían el cristo.

ESCULTOR. ¡Estoy hablando con mi creación! Parece que blasfemara contra ella. Pero os digo algo Herodes, el cristianismo no murió. Estaba escrito: .vendrá un hombre que será el enviado de Dios y dará orden al mundo, gobernará en la fe y la paz y salvará a la humanidad del pecado y les brindará vida eterna....

HERODES. Pero soy roca y vivo como Rey... la vida eterna es solo un apéndice de la muerte...no hay quien haya muerto para que describa esa nueva vida. Lo que existe es lo que vemos, lo que hay es lo que tenemos, no puede haber más.

ESCULTOR. Deberías estar muerto para los hombres.

HERODES. ¡Pero no lo estoy! Es la respuesta. ¡Tú me has esculpido porque sabes que soy la vida, de esta forma has honrado mi muerte!

ESCULTOR. No es la vida quien la quita. No es la muerte quien no la pide. (Personifica a Colón).

COLÓN. Más que la muerte. La aventura ... el deseo ... la conquista ...no niego que Galileo influyó en mi espíritu aventurero, pero desde joven supe que la tierra no era plana...era redonda como una naranja. Mis viajes tratando de encontrar nuevas tierras, me trajeron a América... la verdad nunca pensé en llegar aquí.... Supuse que había descubierto las indias occidentales. En esta travesía muchos de mis compañeros de viaje murieron y casi pierdo la vida también, pues ya casi nadie me creía. Pero al fin.....es mi gran conquista.

ESCULTOR. ¿Estaré perdiendo la razón? ¿Estaré cansado? ¿Cómo puedo hablar con un pedazo de piedra? ¿Dios salve a la reina... sabe usted que logró al venir a estas tierras? Muchos hombres nativos creyeron que llegaban hombres – dioses y confiaron ciegamente en ustedes, ofrecieron sus tesoros y hasta sus vidas pensando en que estaban frente a los dioses y que la muerte era solo un sacrificio para que mejorara el tiempo de cosecha y de lluvia. A América. ¿Quién la salvó de usted?

COLÓN. Nunca creí en ella...nunca pedí por ella. Eran mis indias, eran parte de mi conquista. Todo cuanto había en ellas era propiedad de su majestad la reina Isabel, el oro, las mantas, la cerámica y otras cosas encontradas, eran parte de la ofrenda de la conquista. América no era América...era España y nada más.

ESCULTOR. Violaste nuestro suelo. Cambiaste nuestro sol. ¿Como dormir eternamente si en su conciencia no existe paz, si en su corazón no hay arrepentimiento? Miles de nuestros hombres perecieron por su codicia. ¿Por qué viniste? ¿Acaso no había otros rumbos donde depositar tu maldad?

COLÓN. El mar...la aventura... tal vez el oro...la verdad una aventura solo empieza y el final lo da el destino....nunca pedí llegar aquí, de todos modos si hubiesen llegado otros europeos, sus tierras no se salvarían de la barbarie.

ESCULTOR. ¿Crees que solo el oro compensa nuestros sueños? ¿No podéis tener mejor imaginación? ¿No podéis imaginar que sea una nación libre? Donde hay oro hay sueños, debería descansar. Parezco agotado. (Personifica a Bolívar).

BOLÍVAR. Una nación libre, este fue mi sueño: Formar una gran confederación que uniera a todas las antiguas colonias españolas de América, inspirada en el modelo de Estados Unidos. Por ello, no satisfecho con la liberación de Venezuela, crucé los

Andes y vencí a las tropas realistas españolas en la batalla de Boyacá, que dio la independencia al Virreinato de Nueva Granada, la actual Colombia.

ESCULTOR. ¿Una nación libre? ¿Libertad a través de la barbarie? ¿No se acuerda cuantas madres extrañaron por siempre a sus hijos que nunca volvieron de la guerra? No se acuerda cuantas noches de frío y de hambre pasaban por tus valientes soldados, mientras usted con sus oficiales pasaban noches de luna al calor de una chicha, ¿un tiple y unas viandas ofrecidas por los campos recorridos?

BOLÍVAR. La historia no se acuerda de esto, solo me recuerdan... me veneran... Venezuela. Colombia. La guerra tiene sus cosas alegres y tristes. Los soldados patriotas fueron el alma de la revolución, ellos ofrecieron su sangre para que América fuese tierra de libertad.... No lo niego, murieron muchos, pero también salvamos familias enteras de las garras del poder opresor.

ESCULTOR. No creo que existiera tal voluntad si no mediara el engaño. Los que pusieron la sangre nunca han disfrutado de la victoria. América se llenó de opulentos y terratenientes criollos que formaron un nuevo linaje y se apoderaron del poder y disfrutaron de las mejores oportunidades sociales y comerciales. Pero en el fondo de esta lucha, los jóvenes no fueron tomados en cuenta, salvo los que provenían de familias influyentes. ¿Qué hiciste con los jóvenes de la nueva granada? ¿Dónde está tu respuesta? ¿No la sabes? Yo si... Ayacucho... Boyacá... Carabobo... sangre en los campos...sangre de campesinos iletrados a quienes se les engañó con la falsa creencia de una patria libre....muchachos con mala alimentación, desprovistos de estrategias militares, defendiéndose solo con el corazón y la esperanza, que murieron y fueron olvidados...de hecho, no siquiera fueron enterrados! (personifica a Hitler).

HITLER. Hablar de campos es hablar de campos de concentración. Escenarios para el desarrollo de la ciencia y el morbo. Pude cambiar el mundo. Pude cambiar la ciencia, pero alguien siempre sorprende las buenas intenciones y acaba ganando los méritos que nunca luchó.

ESCULTOR. ¿La ciencia? Acaso es científico el vientre abierto de las mujeres, la asfixia en los trenes, la muerte en la cámara de gas, el fusilamiento de mujeres, ancianos y niños, sin más vestimenta que una piel cubriendo sus osamentas? ¡Asfixia...soy un asmático!

HITLER. ¡No puede haber pureza sin exterminio! El fuego y la muerte son símbolos de pureza. Pero, mis argumentos no eran pasión por la muerte o el fuego, eran parte de una estrategia militar para disminuir un pueblo que más que ofrecer un mejor panorama en la sociedad, se convertían en una máquina donde solo les importaba atesorar riquezas y vulnerar los sentimientos de los otros seres.

ESCULTOR. ¡De todos modos, eso es crueldad y no puede haber crueldad sin castigo!

HITLER. La pureza ... el poder. ¿La gloria ...que sabes tú acaso? Alemania perdió muchas vidas y la primera guerra mundial, pero estos judíos no nos apoyaron, se fueron y sacaron sus capitales temiendo perderlos. La Primera Guerra Mundial había dejado mi patria derrotada política y económicamente, en un frustrado proceso por implantar la democracia liberal que reemplazara anteriores monarquías. Ello, unido al arraigo de su tradición militar y del nacionalismo romántico según el cual el Estado era la encarnación del espíritu del pueblo, así como ciertos hábitos autoritarios de la sociedad alemana, constituía un excelente caldo de cultivo para cualquier nacionalsocialismo.

ESCULTOR: ¡Eso no lo hace inocente! Inventaste un mundo de guerra por venganza...

HITLER. Puedes tener razón, lo cierto es que con maestría pude crear el elemento del racismo para formar la mezcla explosiva y paranoica que galvanizaría a toda una nación. Conseguí el apoyo de un ejército herido en su honor; de los industriales enfrentados a los sindicatos y al temor de la ideología marxista; de una frustrada clase media y del proletariado «víctima de los sindicatos y de los partidos políticos». Supe entonces concitar en todos el odio a los judíos, como elemento cohesionador, y proponerles la superioridad de la raza aria como única válida para dominar el mundo

ESCULTOR. La marca del perdedor. ¡El látigo en la mano de! a injusticia! ¿Qué atrocidades construye la historia, que hombres grandes pueden ser? ¡Estoy pidiendo justicia! ¿Pero... cuan es justo nuestro entendimiento? Parece que me castigo a mí mismo.... Estoy perdiendo el juicio.

¡La justicia es letra muerta! La justicia es un punto imperceptible ante el universo de la impunidad. Lo justo es proporcional al interés del poder, solo el poder tiene la potestad de impartir justicia. ¡Qué vaina! (personifica a Caro).

CARO. Ser letrado fue mi pasión. Los versos...la gramática...escribir en todo tiempo, escribir como Cervantes nutriéndose en la cárcel de Sevilla, escribir como Rousseau mientras asume la necesidad colectiva, escribir como el romántico le escribe a un muro de tristezas.

ESCULTOR. ¿Pasión de qué? ¡Un tirano letrado? La muerte debía ser cervantina.

CARO. Un adverbio es más importante que un hombre, un verso tiene todas las formas de lograr una emoción....una frase puede amar u odiar, puede incluso cambiar el curso de las cosas.

ESCULTOR. ¿Cambiar las cosas? ¿Así es como cambiaste parte de nuestra historia colombiana? ¿Así es como te aliaste con otros malvados y cortaste de plano vidas y sueños?

CARO. Las circunstancias son urgencias que no obedecen a sentimientos. Somos humanos, pero detrás de nuestras ideas existen los intereses. Colombia es dominada por fuerzas antagonistas que se cruzan en cada cambio de gobierno. ¿Como ser Dios si el diablo ha gobernado la patria?

ESCULTOR. Por eso digo que la patria es como usted, con sus actos y sus rimas: despóticos y áridos. Ni que decir de su licenciosa vida: violar las musas, arrebatar de sus débiles cuerpos toda la energía que has perdido con los años.

Esta locura está llenando mis límites... pero es mi inspiración.... ¡Parezco un artista muy peligroso!

Los bárbaros florecieron por ti, tirano intelectual. Pero no seré mas parte de tus barbaries, he de enterrar por siempre sus desdichadas acciones. Es una calle muy peligrosa... estoy trastornado... tal vez necesite ayuda.... Tal vez....

Somos cenizas de héroes... somos cenizas de esclavos... todos juntos... en un solo montón.... No existe gloria para alguno...existe desdicha para todos. Puede llegar una hora... una hora que nos permita enterrar sus recuerdos...una hora donde solo existan en la mente de ellos... donde sus vidas fueron tan efímeras como la misma sombra de la historia. Este martillo será su marca… este cincel su desventura.

MONOLOGO - CUENTOS

EL TRATO

ESCENOGRAFÍA. Una sala convencional donde se encuentran sillas y sillones, televisor, equipo de sonido, flores, cuadros y puerta de entrada.

(Sobre un sillón yace un hombre pensativo. Se pone de pie y prende por un instante su equipo de sonido. Cambia lentamente de canales y escucha fragmentos de noticias, música, chistes, deportes. Apaga el equipo y se sienta nuevamente en el sillón con actitud beligerante. Abre los brazos y separa lentamente las piernas. Su cabeza se inclina hacia todos los costados y sus ojos se pierden en la distancia, se pone de pie nuevamente).

No puedo parecer más ambiguo que el universo. He tratado de no pensar en las complejidades de la vida, en los oscuros secretos de la humanidad, en la persistencia y eternidad del bien y del mal. Tal parece que existe un holograma que nos hace ver según nuestras apariencias, o tal vez existe un mundo fractal donde todos somos nada, donde todos somos todos. Un poco complicado para entender estas vainas.

Debo reconocer que hay un origen, una línea que separa el tiempo del espacio una línea donde podemos ver el bien y el mal representados iconográficamente, se podría afirmar que Dios, bondad y Diablo, maldad han sido por siempre amigos, muy amigos, tanto que pienso que han disfrutado haciendo bromas al universo, han jugado a demostrar quién es el más fuerte. Pero, por lo visto, esos juegos han terminado en empate… creo que no existe ventaja para alguno de los dos.

Mi intuición me dice que estas competencias en los juegos, las diversiones y las bromas hace rato que dejaron de ser atractivas y ya no animan a estos dos personajes, ya los días, los pecados, los desastres, todo en absoluto ha carecido de motivación, incluso pueden haber llegado el aburrimiento y al tedio, al no tener nada más nuevo por hacer.

Tengo una corazonada, siento entonces escuchar al diablo exclamando en cualquier día: "Dios, amigo universal, me he permitido hacer presencia metafórica en los humanos y todos creen conocerme, me personifican como un sátiro, de cola y cuernos, rojo, lleno de fuego, me ven de carne y hueso, por eso me tienen miedo. En cambio a ti, nunca te han visto, te comparan con el viento y te tienen más confianza. Creo que es el momento para hacer un trato".

Y siento igual escuchar la respuesta de Dios, quien podría en su esencia ser pensativo, dudoso y desconfiado, vacilante unos cuantos siglos y decir: "A ver...a ver.... ¿De que trato estás hablando?".

Sencillo, diría el Diablo, como no te pueden ver, te dejo todo lo invisible del universo, para mi entonces me quedaré con todo lo visible, lo que es materia. No tiene sentido que juguemos siempre lo mismo, ya me cansé de eso. Somos inmortales, ya es tiempo de cambiar las reglas del juego.

¿No entiendo, replicaría Dios, para que quieres tal ventaja?

¿Ventaja? Diría el Diablo, para nada señor, lo que pasa es que jugar solo los dos es muy jarto. Debemos separarnos para dar paso a un universo más equilibrado, donde el espíritu y la materia sean diferentes y podamos sacar mejor provecho. Somos el bien y el mal, el universo no tiene punto medio, así que el bien será todo lo que no se ve y el mal todo lo visible.

Replicaría nuevamente Dios: "las cosas y los actos llevan consigo otras formas, no siempre son materia o energía, pueden ser variables. Esto hace que entienda menos, por ejemplo, entonces, ¿que son los sentimientos? ¿No son parte de la materia formando el cuerpo? No son como una alianza físico-química entre la materia y la energía?

Si, pudo haber respondido el Diablo, pero si el cuerpo muere se descompone en partículas que son materia, pero en cambio los sentimientos no sufren esa transformación. Por eso te los regalo, porque no me sirven para nada. En cambio para ti son parte de tu etérea figura.

Apuntó entonces Dios:" la verdad, no me parece un trato, de todos modos somos únicos en el universo y esta proposición va muy acorde con nuestros estilos de vida eterna. Tomando esto como una verdad absoluta, Si, acepto".

Es aquí donde comprendo, desde mi inocente apreciación del mundo, que nació un momento histórico sin tiempo ni lugar donde Dios y Diablo se separaron para siempre, no se volvieron a ver y los juegos y las bromas comenzaron a convertirse en una verdadera rivalidad universal. El objetivo de cada uno era lograr conquistar la mayor cantidad posible de seres.

Ante tal rivalidad universal, las cosas casi siempre tienden a salirse de sus predicciones y esta competencia fue aprovechada de la mejor forma por seres humanos que sacaron mayor partido de las diferencias de cada uno. El trabajo de estos seres, cada quien por su lado, era el de debilitar, no solo una amistad y relación eterna, sino que tratar de robar algunos seres para su beneficio particular. Estos seres trajeron diversas representaciones como chamanes, brujos, sacerdotes, pastores, ancianos, médiums, entre otros, centrando su labor simplemente en ejercer dominación absoluta en los débiles, mediocres, torpes y tontos, que silvestremente deambulan por el universo. De esta forma sus pretensiones incluían también anteponerse al trato establecido.

Estos seres en cuestión lograron crear una fórmula mágica que generaría división en el pensamiento de otros seres, pregonando que habían encontrado el camino a la verdad y a la vida eterna. De esta forma tendrían un doble beneficio: de lo que producen todos los seres para su sostenimiento físico, y de la dogmatización en el miedo. Así estaban obteniendo lo espíritual y lo material, los cuales ofrecerían a Dios o Diablo, según el mejor postor. Hay que reconocer que estos “paranormales” conocían bien de Dios y Diablo y no les interesaba propagar el trato existente. Mejor asi, pensaban.

Esta intromisión provocó que de la rivalidad pasaran a la enemistad, de tal forma que Dios no quiere saber nada de Diablo y viceversa, es decir, para Dios no existe materia y para Diablo no existe espíritu. El universo se dividió en lo terrenal gobernado por Diablo y lo espiritual gobernado por Dios. Si alguien muere, su cuerpo se queda con Diablo, el espíritu se libera y va hacia Dios, no importa cual haya sido su forma de vivir.

Es por esto que Diablo hace innumerables ofertas para que los seres no mueran y que puedan disfrutar de lo terrenal al máximo, mientras Dios hace esfuerzos para que la vida terrenal sea lo menos duradera y lleguen pronto a su morada.

LA CABUYA DE LOS MOSCOS

ESCENOGRAFIA. Una ventana y una mesa con una taza de café. Periódicos sobre la mesa. Una silla de madera que utilizará para desplazarla.

(Personaje mirando una fotografía, tomando un café y mirando al fondo por una ventana)

El paisaje es gris, muy opaco, tan opaco como los recuerdos seniles. Tengo algo de memoria, un poco difusa por cierto, pero algunas imágenes deben quedar adentro de esta vieja caja de neuronas…

No sé a ciencia cierta cómo han sucedido las cosas, pero mi mente se resiste a enterrarlas por siempre. Tengo pensamientos inciertos muy parecidos a las fábulas, de hecho en mis primeros pasos como adolescente inquieto y mordaz, creía que las hadas solo eran un espejismo de niño. Hoy recuerdo esta historia de "Adas", de mujeres de carne y hueso, de aquellas perdidas fulanas que no son de tal sino de todos.

Con estas mujeres, se pueden construir mil mundos. Pero a veces pienso en la especialidad de cada una. Eran de verdad muy auténticas, tan diferentes y tan semejantes, que en un pueblo como el mío, la gracia de los comentaristas callejeros las bautizó como las Trinidad, porque a una no se le conocieron padres, otra estaba llena de hijos, y la última, la conocía hasta el espíritu santo. Ada Soledad Lobato, Ada Linda Corpoalegre y Ada Caridad Candela, eran las tres mujeres en cuestión.

Ada Soledad vivía en una habitación pequeña de una gran casa, cerca al cementerio central, a las orillas de la quebrada Aranzoque, muy cerca del rio frío, donde se junta el más bello jardín de crisantemos y pomarrosas con la mierda de los caños del vecindario, creando una nube blancuzca, olorosa, con finos retoques que presagiaban un culto vertiginoso a la contaminación. Era una mujer encantadora, la cual gustaba de amoríos con hombres menores. Alguien decía que era como una madre porque siempre lo arrullaba y nunca le faltaba la teta. Aunque su segundo nombre era soledad, nunca estuvo sola, siempre andaba acompañada de pálidos mozuelos ávidos de caricias, caricias que pagaban con unas cuantas monedas que guardaban durante la semana escolar. ¡Eso sí era un verdadero recreo!

Ada Linda, gustaba de hombres casados y los consolaba en largas e interminables noches de insomnio. Le encantaba escuchar los lamentos de maridos incomprendidos, abandonados y traicionados. Era muy sensible a sus historias, las cuales suavizaba en su vientre y perpetuaba nueve meses más tarde. Vivía a las afueras del pueblo, en una antigua pensión abandonada, llena de paredes viejas, medios techos, sin puertas y pasillos empedrados.

Ada Caridad, era la favorecida por los abuelos. Su hogar fueron todas las casas del pueblo. Servía con sus oficios domésticos. Jugaba a las escondidas con sus patrones, con tan mala fortuna que siempre era encontrada y de castigo, era obligada a quitarse sus vestiduras. Era el remedio para la artritis y la ceguera de los viejos. ¿No entiendo por qué no estudió medicina?

Al momento de recordad estas historias llena de historias, pienso que a lo mejor a ninguno le importaría el nombre de estas fulanas. Total, todos sus caminos las condujeron al mismo punto: el del olvido. Podré entonces contar las cosas sin preocuparme por sus nombres completos.

Las grisáceas canas presagiaban el tormento de un pasado enigmático y sombrío. La mujer, posa su abultado cuerpo en una pequeña silla metálica semiesférica. Su mirada se encuentra lejana, tal vez queriendo armonizar con sus pensamientos. Su vista no deja pasar en alto unas pequeñas huellas de antaño que siembran un pasado convertido en polvo, hiedra y ruinas. Sobre el corredor, por la ruta que lleva a la puerta principal, cada piedra era tan anciana como quien la pisa. Dicen que las paredes tienen oídos y encierran muchas cosas; en este caso quien debe tener sus más escondidos tesoros no es precisamente la desnuda tapia, sino el negruzco y maltratado piso.

Parte de la vida se nos va en conocer nuestro futuro. El tiempo de ella ya estaba cumplido. El tiempo, ese fantasma del cuerpo y de la memoria, atravesaba su otoñal piel, convirtiéndola en un interminable conflicto de dudas y remordimientos. El recuerdo, como un sicario de la tranquilidad, despellejaba cada segundo que pasaba. Trató por fin de reconocer, palmo a palmo, aquel pasillo anecdótico y lleno de extraña sabiduría.

En la estación de buses, era tan conocida como la locomotora para nuestros aguerridos antepasados. Una más desconocida en medio de la alegría de los viajeros que se paseaban entre los pueblos, buscando, al fin de cuentas, una mejor oportunidad para vivir. Su equipaje consistía en una toalla, una manta para el frío y mudas de ropa de varios colores, pues no sabía el sitio exacto donde pasaría la noche, menos, donde decidiría vivir, si las circunstancias así lo permitiesen.
¿Porqué abandonaba su tierra? es la pregunta que todavía se hace.

Viajar en medio de borrachos, pelafustanes y de viejas acaloradas, no eran su mayor deseo. Estaba constantemente encerrada en esta caja de latas rodantes. Pensaba, el mundo debe ser divertido, iré donde la diversión esté. No estaba muy segura de esta afirmación.

El hambre, el calor y el frío, no fueron su mayor compromiso. Había nacido en una familia de coraje y encontraba todo justo a sus predicciones. De pueblo en pueblo, nutrió su esperanza, pero siempre se encontraba con un pueblo seco, sin aspiraciones, con hombres y mujeres salidos de la fantasía, más que reales, pareciesen que no vivían para ellos, sino para nadie. Siempre se repetía lo mismo: aquí no viven, aquí se mueren.

Llevaba varios días en su paciente espera. Cómo deseaba ver ese pueblo, cómo deseaba su gente, cómo deseaba sus calles, cómo deseaba su alegría. La esperanza dió resultado. No existía algo más parecido a sus sueños. Allí, separada por una cortina de vidrio, se encontraba la alegría. Solo restaba bajarse del odioso masturbador de entrañas y correr, correr por donde se le ocurriese primero.

Sosteniendo un bordón tallado por la polilla y descolorido por el sudor de sus manos, demarcando una mueca de desagravio que semejaban mil líneas sin horizonte en su trasnochada cara, la anciana dama lanzaba improperios contra invisibles visitantes que hacían notar su presencia en nauseabundos olores. Los crisantemos crecían erectos, vanidosos sin importar su origen. Entendió que siempre anduvo acompañada de la mierda del hombre.

Siempre había amado a los niños. Pero no de una forma maternal, así ellos lo consideraran. Para ella, los hombres formados no tenían sentido. Eran como rescatar un juguete del basurero. Sentía que tenía una misión que cumplir y no le pesaba reconocerlo. Su misión había terminado, eso hacía ver su entorno malformado y perenne.

Del fondo de un arbusto, lentamente, aparece un joven descalzo, semidesnudo y con secuelas de haber pasado mucho tiempo a la intemperie. Ada Soledad ve en él, casi de inmediato, la fórmula perfecta para sus apetitos otoñales. Pronto acude en su ayuda. El joven parece no tener idea del tiempo y el espacio, característica cómplice para la mujer.

Como el ser más dulce sobre la tierra, la anciana toma al pequeño y lo cubre con sus brazos, protegiéndolo. Jugando a deshojar margaritas, toma su pelo y en cada cabello que se cruza por sus artríticos dedos, visualiza, capítulo a capítulo, qué ha sido de ella durante estos largos setenta y dos años.

Son casi las once de la noche. El sueño no logra vencerla, la legendaria amante de los hombres maduros. Su rostro parece el de una niña virginal, tan desnudo como su arrugado vientre. Aun cuando no entiende que pasó con el siglo, sí recuerda que hace un siglo, o un poco menos, su cuerpo no conocía ropa interior. Sabía cómo molestaban los calzones.

Sobre una mesa de madera, acostumbraba acariciar los mechones obsequiados por sus seniles compañeros de cama. Esos mechones eran como los trofeos, semejantes al torero cuando corta oreja y rabo por dar una estocada mortal a un indefenso semental. Estos, a diferencia de los toros, no morían sino que se reanimaban. ¿A qué hombre no haría reanimar una joven de edad, con mil misterios que quisiera compartir? Fue jardín de mil flores, pero todas las flores son efímeras y la tarde languidece a su encanto. Todas las flores mueren del mismo dolor.

Sus pasos a la cocina son eternos. Va en busca de alguna gota de agua para refrescarse. Los mil kilómetros en círculo, convertidos en escasos dos metros para calmar la sed, parecen no tener final. Luego de una lucha desenfrenada consigo misma logra el anhelado objetivo. De un armario corroído por la humedad, extrae una vasija que presume algún indicio de ser un objeto metálico, pero por su uso y sus constantes golpes, mas parecía una escultura multiforme. Al abrir la llave, se encuentra con un débil hilillo color café, que llena poco a poco su maltratado recipiente. Ya en la comisura de sus labios, degusta con afán el preciado líquido. con el sobrante, mojaba los mechones de sus ausentes compañeros de noche.

El hilillo de agua formaba canales y diminutos manglares en los cabellos, posando los dedos en cada uno estos. Las texturas que describían, prontamente le hicieron navegar por sus propias historias.

Tres esquinas se le conocen en los pueblos como este, a los negocios de bebidas embriagantes que sirven como guarida para los amantes solitarios de la noche. La joven mozuela desfilaba al compás de la moviola. Tenía tanta gracia, que los lugareños debían arrancar rápidamente de sus labios la botella de cerveza, para no perder detalle alguno. Sendas miradas se posaban en sus bellos senos, otros, más ávidos de aventura, se limitaban a seguir rítmicamente el seseo de sus nalgas. El espectáculo estaba servido.

Pero no andaba sola. Otras dos bailarinas le hacían la corte de honor. Pronto las botellas de cereal etílico llenaron cada mesa. Las invitaciones a tomar eran la orden del día para aquella frecuente reunión.

A un costado de las mesas, se encontraba un peladero encerrado con palos y alambre de púas. Allí se apostaban canastas con cerveza. El escenario consistía en un tablón de fondo y tres palos ordenados frente a los apostadores, los cuales son tumbados por pesadas bolas forradas en aluminio. Es un juego que se le llama bolo criollo. Por el centro, como formando surcos, estaban enfilados tres pequeños campos de tejo, juego al que nuestros antepasados le decían turmequé.

Tres esquinas era la combinación perfecta para la fiesta diaria, para la excusa, para el motivo de beber y conquistar, para dejar el producto de agotadoras jornadas de trabajo en manos de un cantinero y de las “queridas”, que por su afición al sexo y al dinero fueron muy apetecidas, tanto, que las noches pasaban muy rápidamente.

Estas mujeres se jubilaron en la cama. Su asediada belleza, al igual que las trenzas de fique cebado, las convirtieron por siempre en la cabuya de los moscos.

Pensar que sus vidas al igual que esta ventana serían opacas pero que estarían presentes y claras como sus vidrios en las mentes de viejos como yo.

(Se queda mirando el horizonte a través de la ventana)

PARA MAS CUENTAS

ESCENOGRAFIA. Simulación de parque, plantas, bancas, faros y toda la ambientación posible. Un cuaderno viejo.

(El personaje está sentado en la punta de una banca, haciendo gestos de desagravio y mirando al suelo, recoge algunas hojas del suelo)

Nada existe más parecido a la pobreza. Mi tío acostumbraba decir que el pecado más grande era ser pobre, porque era una mancha que quedaría para toda la vida. Si se hacía plata por el camino, se era un pobre con plata; pero si nunca se tenía, se era un pobre hijo de puta.

Tomando esta anécdota de la vida, conocí no hace muchos años a Juan, un hombre enigmático de las cuentas. Se pasaba días enteros con sus noches, sumando, restando, multiplicando, pero nunca dividiendo. Juan tenía un hijo al que no quiso poner a estudiar, pues creía que era una mala inversión, mejor, un mal gasto. Estudiar no ofrece garantías de rentabilidad, además, es ponerle un oficio a un guevón para que no le quede tiempo para hacer plata, solía decir.

Cuando su hijo tuvo la edad de entrar a la escuela primaria, Juan compró un cuaderno y lo dividió en dos partes: En la primera mitad anotó los números del uno al mil, el abecedario, algunas palabras y los signos aritméticos; En la segunda parte anotó todos los días que habría clase y al lado una columna con el signo de pesos. La segunda parte también la dividió en diez y seis partes, tomando la referencia de la vida activa de un estudiante, es decir, cinco grados de primaria, seis grados de secundaria y cinco años de universidad.

Este cuaderno llegó a mis manos, cuando el hijo de Juan llegó a pensar como él, cuando supo que su padre tenía razón. Diez y seis años después. Si ustedes, introvertidos lectores, me regalan algo del tiempo que no regaló Juan, les trataré de descifrar este extraño documento. Verán...

Febrero 3 de 1981. Abro este cuaderno a nombre de mi hijo (ilegible), donde quedará anotado todo el ahorro que hará mientras no se ponga a matarse con esa joda de estudiar.

Febrero 5 de 1981. Todos los pelados del pueblo están contentos porque se van a preparar para manejar taxi cuando salgan de la universidad.

En la primera mitad del libro: Primero primaria. Primer día de clase. A mi hijo le enseño estas cinco vocales, ya se las aprende.

En la segunda parte: doscientos pesos de pasaje, doscientos para recreo, cinco mil de uniforme, dos mil de zapatos, tres mil de cuadernos, cartillas, lápices, colores y todas esas vainas. Total, diez mil cuatrocientos pesos.

Febrero 6 de 1981. Primera parte: Mi hijo se sabe bien las vocales.
Segunda parte: Tiene ahorrados diez mil ochocientos pesos.

Así utilizó todos los días del primer año. Su hijo aprendió las vocales, los números hasta el cien y escribió papá, mamá y plata. Pero también había ahorrado durante doscientos cuarenta días escolares, la suma de ciento seis mil pesos. Este dinero lo consignó en la Caja Agraria.

Durante el año 1982, su metodología fue la misma.

Primera parte. Mi hijo aprendió todas las palabras necesarias, incluidas algunas creadas por él como: no me crea pendejo, echao pa'lante, mermele, afloje y no se haga el pingo.

Segunda parte: Tiene ahorrados ciento seis mil pesos, más ciento ocho mil pesos. Total: doscientos catorce mil pesos.

En Diciembre de 1985, cumpliría cinco años de ahorrar por no estudiar y contabilizó la suma de seiscientos cuarenta y ocho mil pesos, sin incluir intereses.

Durante el bachillerato, la primera parte del cuaderno no se volvió a tocar. En la segunda parte, hasta el año 1991, ya había ahorrado dos millones trescientos cincuenta y ocho mil pesos.

Cuando comenzó la parte de la universidad, el hijo de Juan utilizó la primera parte para hacer cuentas en qué iba a invertir esta plata. Cuando terminó la universidad, en el cuaderno, contabilizó ocho millones trescientos cuarenta y cinco mil doscientos doce pesos con sesenta y dos centavos, incluidos los intereses. Con este capital contaba en diciembre de 1997.

Mientras varios amigos del joven, llenaban almacenes y fábricas con hojas de vida llenas de certificaciones, gastando aún un poco más de lo que se había comido el estudio, éste invirtió en un taxi que le costó tres millones quinientos mil pesos y puso a trabajar a dos de sus amigos. Con el resto del dinero conoció parte de Colombia y puso un supermercado que él mismo administraba. El sí sabía cuántas pepas tiene un mango.

Sus amigos, con diploma a bordo, hacen lo mismo que él: ¡suman, restan, multiplican... inventan palabras como pirobo, no me tumbe maricón, pase por encima, no tengo sencillo, le quedo debiendo, y, su madre! se me durmió el culo.

En este punto me declaro adorador de San Juan Visionario, por fin entiendo que la vida debe ser práctica y objetiva. Qué tipo! mejor, que malparido tan hijueputa! este es el mejor lenguaje, el que se habla con el corazón de la calle y no con la taimada academia, no a quien le dice estiércol al bollo, sabiendo que es la misma mierda.

TODOS LOS DIAS SON EXTREMOS está compuesta por seis obras unipersonales las cuales representan un panorama real de la actualidad en la sociedad santandereana. Los personajes que participan en los diferentes textos son, entre otros: una mujer que organiza su casa, un mago que se transfigura en varios personajes de la vida de cualquier pueblo andino, un escultor que realiza un juicio histórico, el demonio y dios, como fuerzas representativas del bien y el mal, tres mujeres trabajadoras sexuales y un padre que hace cuentas para su hijo.

La obra es un pequeño reconocimiento y recordación de situaciones anecdóticas, históricas, testimoniales y cotidianas y una forma pedagógica para el conocimiento de nuestra propia realidad. Pero ante todo esta obra pretende contribuir a la reconstrucción total de los modelos de vida y el pensamiento colombiano, pues contiene los elementos constitutivos y de enlace de las historias y hechos que permiten definir nuestros perfiles sociales. Cada obra se trabaja sin perder los valores agregados de las situaciones, pero matizadas con picardía y humor fresco, en algunas ocasiones, sin que por ello se deba perder el sentido crítico.

TODOS LOS DIAS SON EXTREMOS, es un término alegórico a las vicisitudes en la que nos encontramos desde el mismo momento de la concepción, pasando por la infancia, la juventud y la edad adulta, en episodios que nos van marcando y haciendo un poco sensible y drástica nuestra supervivencia.

CONTENIDO

Printed by Books on Demand GmbH, Norderstedt / Germany